Impulse der
ACHTSAMKEIT

GROH

NIMM DIR ZEIT FÜR DICH, ATME TIEF EIN, HÖRE AUF DEINEN HERZSCHLAG, DEINEN ATEM, RUHE IN DIR.

In der täglichen Hektik kommt man selbst oft zu kurz. Gönn dir zwischendurch einen Impuls der Achtsamkeit, ob im Bus, auf dem Sofa oder in der Arbeit. Die kleinen Achtsamkeitsübungen sind leicht umsetzbar und die Zitate inspirieren dich, die Gedanken schweifen zu lassen. Finde so zu innerer Balance und einem Gefühl von Ausgeglichenheit.

DAS, WAS IM
GEGENWÄRTIGEN
AUGENBLICK
GESCHIEHT, IST LEBEN.
THICH NHAT HANH

Wenn du merkst, dass deine
Gedanken in die Vergangenheit
oder Zukunft abschweifen,

DANN KEHRE IMMER
WIEDER BEWUSST IN
DEN GEGENWÄRTIGEN
MOMENT ZURÜCK.

Konzentriere dich auf
deinen Atem, deinen Körper,
auf Geräusche oder Gerüche
um dich herum.
Das hilft dir, ganz im

JETZT

zu verweilen.

GEHE, WENN DU GEHST.
SEHE, WENN DU SIEHST.
HÖRE, WENN DU HÖRST.
SPÜRE, WAS DU BIST.
TIBETISCHES SPRICHWORT

Hast du dir schon mal die Zeit genommen,
einen Stein, eine Muschel oder
ein Schneckenhaus

GANZ GENAU
ZU BETRACHTEN?

Was fällt dir auf?

BETRACHTE DIE GEGENWART
ALS DEIN EIGENTUM, ALLES ANDERE
ÜBERLASSE DEM SCHICKSAL.

EURIPIDES

BEGINNE MIT
ETWAS NEUEM,
etwas, das du noch nie getan hast,
denn dabei bist du hochkonzentriert,
ganz bei der Tätigkeit und somit
VOLLER ACHTSAMKEIT.

LAUFE NICHT
DER VERGANGENHEIT NACH
UND VERLIERE DICH NICHT
IN DER ZUKUNFT.
DIE VERGANGENHEIT IST
NICHT MEHR. DIE ZUKUNFT
IST NOCH NICHT GEKOMMEN.

DAS LEBEN WIE ES
HIER UND JETZT IST,

EINGEHEND BETRACHTEND,
WEILT DER ÜBENDE IN FESTIGKEIT
UND FREIHEIT.

BUDDHA

Eine Situation, ob eine Meinungsverschiedenheit
oder ein wichtiger Termin, stresst dich und du merkst,
wie du flacher atmest und dich verkrampfst.

LENKE DEINEN FOKUS IN DIESEN
MOMENTEN AUF DEINEN KÖRPER.

Spüre in dich hinein: Wo spannst du deine Muskeln an?
Atme bewusst in diese Körperstellen,

ENTSPANNE SIE UND
KOMME SO ZUR RUHE.

JE FREIER MAN ATMET,
DESTO MEHR LEBT MAN.
THEODOR FONTANE

ATEM IST LEBEN.

Gönn dir über den Tag verteilt
immer mal wieder eine Pause,
indem du dich auf
deinen Atem konzentrierst.

WER LÄCHELT,
STATT ZU TOBEN,
IST IMMER DER
STÄRKERE.

AUS JAPAN

Wenn du merkst,
dass dich etwas ärgert,
dann atme tief durch.
TRITT INNERLICH EINEN
SCHRITT ZURÜCK
und versuche, alle negativen
GEFÜHLE WIE WOLKEN
DAVON FLIEGEN
ZU LASSEN.

RUHE BRINGT GLEICHGEWICHT
UND LEICHTIGKEIT.
GLEICHGEWICHT UND LEICHTIGKEIT
BRINGEN INNEREN FRIEDEN
UND GELASSENHEIT.

TSCHUANG-TSE

Anstatt nach dem Klingeln des Weckers
aus dem Bett zu springen,
räkle dich und nimm deine Umgebung
bewusst wahr.

WAS HÖRST DU?
WIE FÜHLT SICH DEIN
KÖRPER AN? UND WAS SIND
DEINE GEDANKEN
SO FRÜH AM MORGEN?

Bleib noch einen Moment liegen und sei dir
deines Körpers und deiner selbst bewusst.

WENN DU AM MORGEN ERWACHST,
DENKE DARÜBER NACH, WAS FÜR EIN
KÖSTLICHER SCHATZ ES DOCH IST,
ZU LEBEN, ZU ATMEN
UND SICH FREUEN
ZU KÖNNEN.

MARC AUREL

Sage dir heute
immer mal wieder:
„ICH BIN RUHIG
UND GELASSEN.",
und nimm dabei
einen tiefen Atemzug.

BEIM

EINATMEN

SCHENKE ICH

MEINEM KÖRPER RUHE.

BEIM

AUSATMEN

LÄCHLE ICH. ICH VERWEILE IM

GEGENWÄRTIGEN MOMENT

UND WEISS, ES IST

EIN WUNDERBARER

MOMENT.

THICH NHAT HANH

Schnell ist eine negative Äußerung oder ein sarkastischer Kommentar herausgerutscht und kann nicht mehr zurückgenommen werden. Auch zu uns selbst sind wir oft hart, denken uns „Hätte ich das nur besser gemacht!“, „Ich bin doch blöd!“.

NIMM WAHR, WENN DIR DIESE GEDANKEN KOMMEN. WANDLE SIE IN ETWAS POSITIVES UM.

GLAUBE AN DICH SELBST,
MENSCH, GLAUBE AN DEN

INNEREN WERT

DEINES WESENS.

JOHANN HEINRICH PESTALOZZI

LOBE DICH FÜR ALLES,
was du heute geleistet hast.

LERNE LOSZULASSEN,
DAS IST DER
SCHLÜSSEL
ZUM
GLÜCK.

BUDDHA

Schenk dir ein Lächeln.

SEI FREUNDLICH
ZU DIR

und gönne dir selbst
liebevolle Gedanken.

UNSERE VERABREDUNG
MIT DEM LEBEN FINDET IM
GEGENWÄRTIGEN
AUGENBLICK
STATT. UND DER TREFFPUNKT
IST GENAU DA, WO WIR
UNS GERADE BEFINDEN.

BUDDHA

Oft sind wir in Eile und
hetzen uns ab.

NIMM DIR STATTDESSEN ZEIT.

Atme beim Gehen tief durch,
achte auf deine Schritte,
das Gefühl deiner Sohlen
auf dem Boden, das Pendeln
deiner Arme.

OB DU EILST ODER
LANGSAM GEHST,
DER WEG VOR DIR
BLEIBT DERSELBE.

AUS CHINA

Wann hast du eine Mahlzeit eingenommen,
ohne nebenbei fernzusehen, zu lesen oder
eine Unterhaltung zu führen?

GENIESSE DEIN ESSEN GANZ OHNE ABLENKUNG.

Rieche daran, konzentriere dich auf den Bissen
in deinem Mund. Wie fühlt er sich an?
Welche Geschmacksnuancen kannst
du wahrnehmen?

SÜSS, SALZIG, SCHARF?

Kaue langsam und beobachte,
was dabei passiert.

DIE WEISHEIT DES
LEBENS BESTEHT IM
AUSSCHALTEN DER
UNWESENTLICHEN
DINGE.

AUS CHINA

Gönne dir eine Tasse Tee, und

GENIESSE SIE
MIT ALLEN SINNEN:

den Duft, die Wärme der Tasse
in deinen Händen, den ersten Schluck
auf deiner Zunge.

MAN MUSS MIT SEINEN GEDANKEN
NUR BEI DEM SEIN,
WAS GERADE JETZT ZU TUN IST.

MARC AUREL

NIMM DIR EINMAL ZEIT,

das Wunderwerk einer Blüte
achtsam wahrzunehmen,
die Farben, das samtige Gefühl
der Blütenblätter, den Duft.

GENAU GENOMMEN
LEBEN SEHR WENIGE MENSCHEN
IN DER GEGENWART.
DIE MEISTEN BEREITEN SICH VOR,
DEMNÄCHST ZU LEBEN.

JONATHAN SWIFT

Egal an welchem Ort:
SCHLIESSE DIE AUGEN UND LAUSCHE.
Was nimmst du wahr?

NIMM DIR JEDEN TAG
DIE ZEIT,
STILL ZU SITZEN UND
AUF DIE DINGE ZU LAUSCHEN.
ACHTE AUF DIE

**MELODIE
DES LEBENS,**

WELCHE IN DIR SCHWINGT.

BUDDHA

Die Sonne schenkt

WÄRME, LICHT UND WOHLBEFINDEN.

Mach es dir gemütlich,

TANKE DEN SONNENSCHEIN

und stelle dir vor, wie du
einen Vorrat anlegst.

NICHT AUSSERHALB,
NUR IN SICH SELBST
SOLL MAN DEN
FRIEDEN SUCHEN.

ZEN-WEISHEIT

Wenn wir eine Aktivität ausführen,
sind wir meistens nicht ganz bei der Sache.
Beim Haare waschen denken wir daran,
was wir noch vorhaben, an die Ereignisse
des vergangenen oder des kommenden Tages.
Konzentriere dich auf das Gefühl
des warmen Wassers, das über deine
Kopfhaut fließt, und auf die Massage deiner Finger.

GÖNN DIR EINEN
KLEINEN WOHLFÜHLMOMENT
NUR FÜR DICH.

LASSE DEINEN GEIST STILL
WERDEN WIE EINEN TEICH IM WALD.
ER SOLL KLAR WERDEN, WIE WASSER,
DAS VON DEN BERGEN FLIESST.
LASS TRÜBES WASSER ZUR
RUHE KOMMEN, DANN WIRD ES
KLAR WERDEN, UND LASS
DEINE SCHWEIFENDEN GEDANKEN UND
WÜNSCHE ZUR RUHE KOMMEN.

BUDDHA

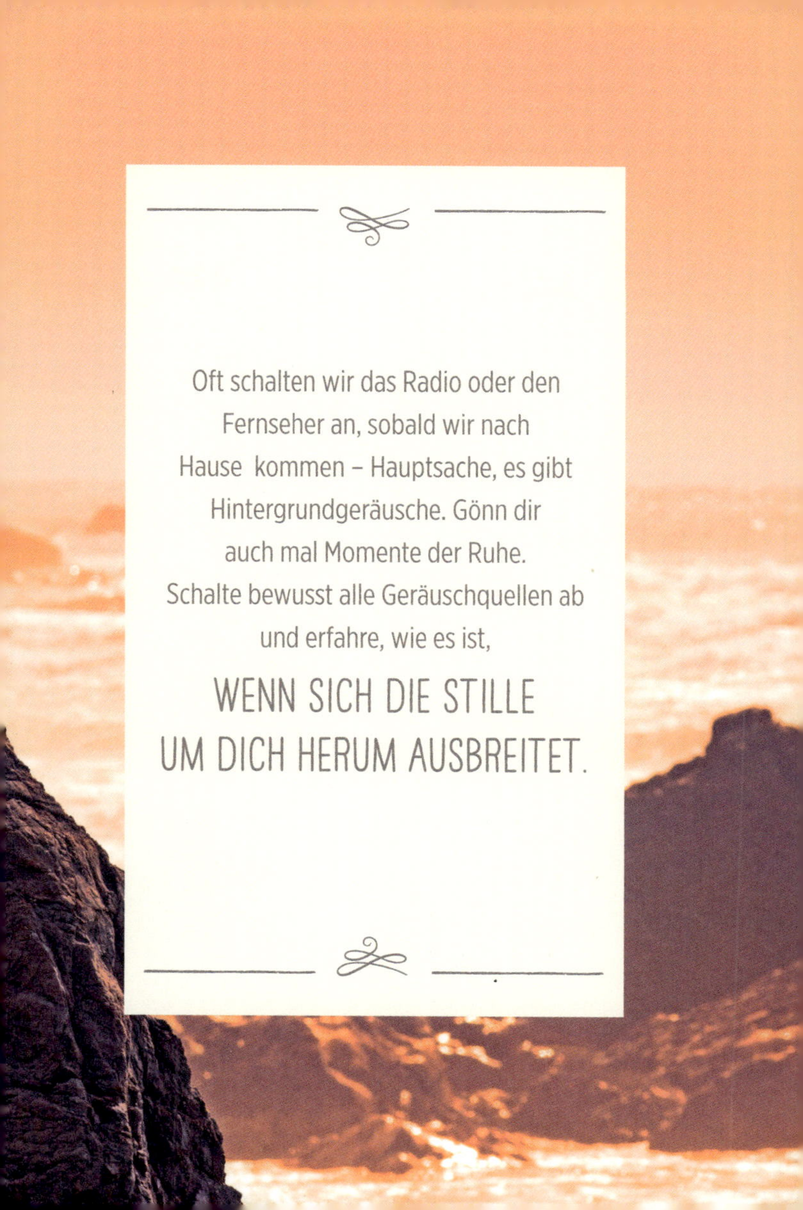

Oft schalten wir das Radio oder den
Fernseher an, sobald wir nach
Hause kommen – Hauptsache, es gibt
Hintergrundgeräusche. Gönn dir
auch mal Momente der Ruhe.
Schalte bewusst alle Geräuschquellen ab
und erfahre, wie es ist,

WENN SICH DIE STILLE
UM DICH HERUM AUSBREITET.

DENN DER RAUM
DES GEISTES,
DORT WO ER SEINE
FLÜGEL ÖFFNEN KANN,
DAS IST DIE STILLE.
ANTOINE DE SAINT-EXUPÉRY

Besorge dir einen
Handschmeichler,
einen Kiesel oder ähnliches,
und trage ihn bei dir.

WANN IMMER DU
EINE PAUSE BRAUCHST,

nimmst du ihn zur Hand und
konzentrierst dich auf
das Gefühl, die Struktur,
das Gewicht des Steines
in deiner Hand.

WENN DIE
ACHTSAMKEIT
ETWAS
SCHÖNES
BERÜHRT, OFFENBART SIE
DESSEN SCHÖNHEIT.
WENN SIE ETWAS
SCHMERZVOLLES BERÜHRT,
WANDELT SIE ES UM
UND HEILT ES.

ZEN-WEISHEIT

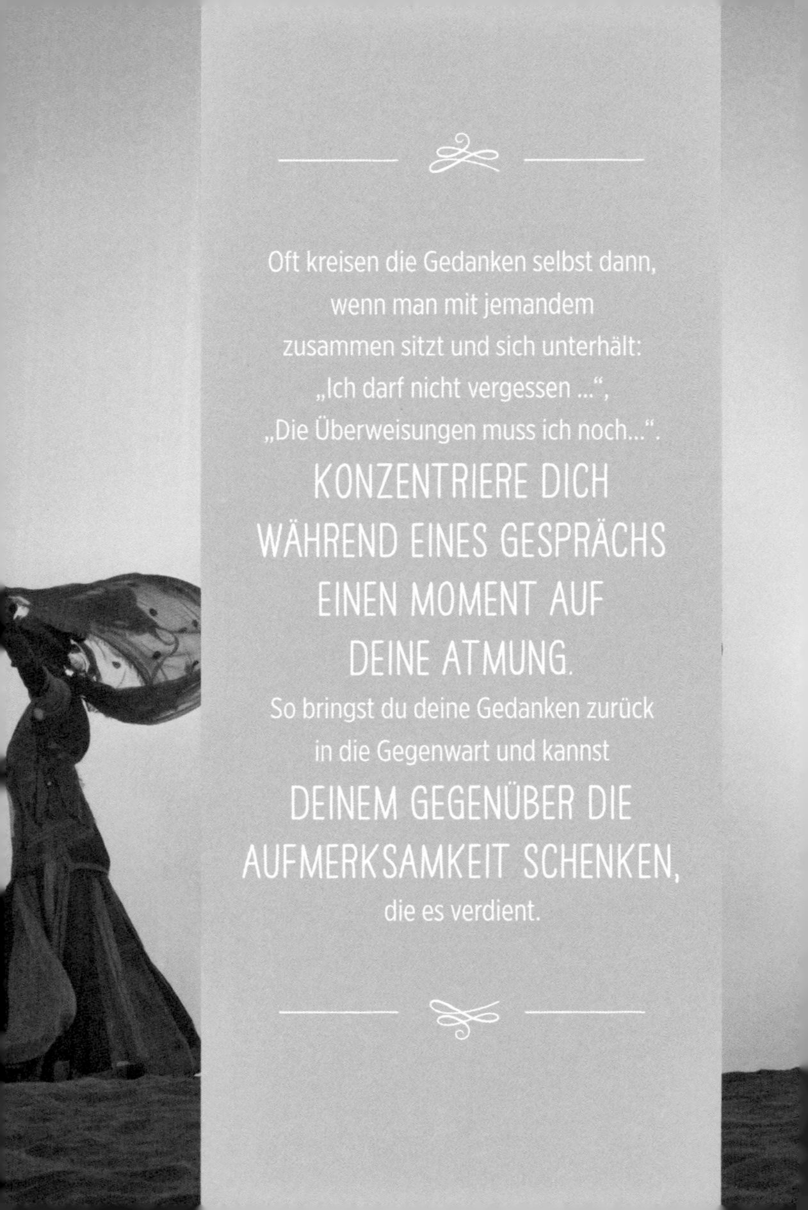

Oft kreisen die Gedanken selbst dann,
wenn man mit jemandem
zusammen sitzt und sich unterhält:
„Ich darf nicht vergessen ...“,
„Die Überweisungen muss ich noch...“.

KONZENTRIERE DICH WÄHREND EINES GESPRÄCHS EINEN MOMENT AUF DEINE ATMUNG.

So bringst du deine Gedanken zurück
in die Gegenwart und kannst

DEINEM GEGENÜBER DIE AUFMERKSAMKEIT SCHENKEN,

die es verdient.

IMMER, WENN ICH MITTEN
IM ALLTAG INNEHALTE UND
GEWAHR WERDE, WIE VIEL
MIR GESCHENKT IST,
WERDEN DIE ZAHLLOSEN
SELBSTVERSTÄNDLICHKEITEN
ZU EINER

QUELLE DES
GLÜCKS.

GUSTAVE FLAUBERT

ALLES UM DICH HERUM
KANN EIN WUNDER UND
EIN GESCHENK SEIN,

wenn du dich darüber freust
und es nicht als selbstverständlich
hinnimmst. Ob das Strecken am
Morgen nach dem Aufstehen,
das Vogelgezwitscher
vor deinem Fenster oder die
Umarmung eines Freundes.

NIMM BEWUSST WAHR,
WIE WUNDERBAR SOLCHE
KLEINEN MOMENTE SIND.

ALLES GESCHAFFENE
IST VERGÄNGLICH.
STREBT WEITER,
BEMÜHT EUCH,
UNABLÄSSIG ACHTSAM
ZU SEIN.

BUDDHA

Einatmen.
Ausatmen.
Weiteratmen.

Noch mehr Entspannungstipps
finden Sie auf:

www.groh.de
facebook.com/grohverlag
instagram.com/grohverlag

FSC MIX Papier aus verantwortungsvollen Quellen FSC® C008457 www.fsc.org

Die nachhaltige Waldbewirtschaftung und die verantwortungsvolle Gewinnung des Rohstoffs Papier ist uns ein Anliegen. Daher werden alle Buch- und Kalender-Neuheiten auf FSC®-zertifiziertem Papier gedruckt.

ATEM PAUSEN GENUSS ZEIT

Freude Wärme & Sonnenschein für

ENTSPANNUNG DICH

KRAFT ACHTSAMKEIT KLEINE WUNDER

Einen guten Tag RUHE SCHENKEN

In der Hektik des Alltags nehmen wir uns viel zu wenig Zeit für kleine Pausen. Dabei genügt oft schon ein kleiner Moment, um zu neuer Gelassenheit zu finden. Atmen Sie durch, kommen Sie zur Ruhe. Und schon werden selbst der stressigste Tag und das größte Ärgernis zur Nebensache. Wir schenken Ihnen mit diesem Buch eine kleine Auszeit für die Seele – Sie haben sie verdient.

Ihr Groh Team

Dieses Buch entstand in enger Zusammenarbeit mit meinen Kolleginnen Stefanie Pfennig und Sonja Korte.

Vielen Dank an alle Beteiligten.

Kathrin Brosig

Textnachweis: Wir danken allen Autoren bzw. deren Erben, die uns freundlicherweise die Erlaubnis zum Abdruck von Texten erteilt haben, sowie dem Arkana Verlag für die Texte auf S. 5 aus: Thich Nhat Hanh, Ärger. Befreiung aus dem Teufelskreis destruktiver Emotionen © 2002 Arkana Verlag, München, in der Verlagsgruppe Random House GmbH, Übersetzung: Erika Ifang; und auf S. 37 aus: Thich Nhat Hanh, Ich pflanze ein Lächeln. Der Weg der Achtsamkeit. © 1992 Arkana Verlag, München, in der Verlagsgruppe Random House GmbH, Übersetzung: Jürgen Saupe.

Bildnachweis: Cover: Getty Images/iStock/druvo; S. 2-3: Getty Images/iStock/molka; S. 4-5: Getty Images/Andrew Sproule; S. 6-7: Shutterstock/ituktunba; S. 8-9: Getty Images/OJO Images/Robert Daly; S. 10-11: Shutterstock/TheRocky41; S. 12: Getty Images/Moment/kathrin's world/Kathrin Schlot; S. 14-15: Shutterstock/rdonar; S. 16-17: Getty Images/E+/270770; S. 18: Shutterstock/Slavko Sereda; S. 20-21: Shutterstock/Sergieiev; S. 23: Shutterstock/CO Leong; S. 24-25: Shutterstock/MOLPIX; S. 26-27: Getty Images/Moment/Manuel Breva Colmeiro; S. 28-29: Getty Images/PhotoAlto Agency RF Collection/ZenShui/Laurence Mouton; S. 30-31: Shutterstock/Dima Aslanian; S. 32-33: Getty Images/Moment/Thomas Gloning; S. 34-35: Shutterstock/BABAROGA; S. 36-27: Shutterstock/Q-lieb-in; S. 38-39: Getty Images/Moment/Robert D. Barnes; S. 40-41: Getty Images/iStock/Rike_; S. 42-43: Shutterstock/Izzy Standbridge; S. 44-45: Shutterstock/mycteria; S. 46-47: Shutterstock/anshu18; S. 48-49: Getty Images/Luxy/Luxy Images; S. 50-51: Shutterstock/Alexey Stiop; S. 52-53: Shutterstock/Kayo; S. 54-55: Getty Images/Moment Open/gulale; S. 56-57: Shutterstock/Elena Shashkina; S. 59: Getty Images/iStock/fsev; S. 60-61: Shutterstock/Bubbers BB; S. 62: Getty Images/iStock/druvo; S. 64-65: Shutterstock/dariagarnik; S. 66-67: Shutterstock/apiguide; S. 68-69: Shutterstock/Galyna Andrushko; S. 71: Getty Images/Moment/the_burtons; S. 72-73: Getty Images/Mint Images RF/Mint Images; S. 74: Shutterstock/Kati Finell; S. 76-77: Getty Images/Moment/C T Aylward; S. 78-79: Shutterstock/Pi-Lens; S. 80-81: Shutterstock/Mimadeo; S. 82-83: Getty Images/Moment/AnyDirectFlight; S. 84-85: Shutterstock/Evannovostro; S. 86-87: Getty Images/DigitalVision/John M Lund Photography Inc; S. 88-89: Shutterstock/raimond klavins; S. 90-91: Getty Images/EyeEm/Chiara Federici; S. 92-93: Getty Images/Vetta/KarenMassier.

Layout: ki36 Editorial Design, Bettina Stickel sowie Petra Schmidt Grafik Design (Cover + U4)

Impulse der Achtsamkeit
ISBN 978-3-8485-2248-4

207004-6255-03